男の婚活は会話が8割

「また会いたい」にはワケがある！

Miyuki Uekusa
植草美幸

青春出版社

はじめに

なぜ「二度目のデート」ができないのか

こんにちは、東京・青山の結婚相談所マリーミー代表の植草美幸と申します。

私は普段、結婚相談所で、結婚相手の紹介だけでなく、婚活中の男女にデートの場所や手法、コミュニケーションのとり方を指導しています。

婚活中の男性の中には、容姿が優れていたり、経済力があるのに、「二度目のデート」に結びつかず、なかなか結婚できないという方がたくさんいます。大きな原因は、「会話がうまく続かない」「話していて楽しくない」と女性に思われてしまうからなのです。

会話ができない男性が急増するワケ

これは現場にいてもひしひしと実感していることなのですが、会話が苦手な男性は年々増えています。もはや、その勢いは社会現象と言ってもいいくらいです。原因は、産業の変化にあるのではないでしょうか。

10年前と今とでは、様々な産業がすっかり変わってしまいました。

たとえば10年前は、写真を現像するためには写真屋さんに持って行く必要がありました。お店にカメラを持って行って、申込書に記入して、現像ができたタイミングでまたお店に行って……ということをしていたわけです。

ところが、今ではそんな機会はすっかり減りました。スマホで写真を撮って、そのままデータで保存する人がほとんどでしょう。お洋服を買うときも、店舗に行って店員さんと言葉を交わさずとも、ネットでサイズぴったりのものを買うことができます。

日常的なやりとりはＬＩＮＥやメールで事足りますし、自宅に固定電話がないなんて人も、今では珍しくありません。

つまり、初対面の人や知らない人と会話をするというシーンが、昔に比べて圧倒的に少なくなっているのです。

これでは、会話が苦手・下手な人が増えるのも仕方ありません。経験値が増えていかないのですから、当然といえば当然のことです。

会話は〝婚活のエンジン〟

言うなれば会話は〝婚活のエンジン〟です。

会話がなければ婚活は動き出しませんし、デートだってできません。

それに、相手を知ることができませんし、一緒にいても楽しくありません。こうなると「また会いたい」と思ってもらえませんから、結婚を考えることもできません。

つまり、身だしなみをきちっと整えて、いざデート！　となったら会話がほとんどすべてだと言っても過言ではないのです。

そういった意味合いもこめて、本書は『男の婚活は会話が8割』と題しました。


さて、「そう言われても、女性と何をしゃべればいいかわからない」という男性は、多いと思います。私の結婚相談所でも、しょっちゅう見かけます。そういう人がデートをするとどうなるかというと、1時間ひたすら無言が続いて終わり、なんてことも少なくありません。

もちろん女性側にも話す努力は必要ですが、男性にリードしてほしいと思っている女性が大半です。それなら突破口を開いて結婚につなげるためにも、まずはあなたが頑張ってしゃべらないといけないのです。

大変そうですか？　大丈夫。安心してください。

会話は、ちょっとしたコツを掴めば、誰でもうまくなれるのです！

本書では、女性に「また会いたい」と思ってもらえる男性になるための〝会話術〟を、基礎から応用までしっかりお伝えします。

会話のテーマや内容、さらには表情や相づち、話の聞き方まで、婚活で役に立つ実践法だけを厳選しました。

もし明日がデートでも、この本で会話のエッセンスを学んでいただければ、きっとうまくいくと思います。

ただ、ここでひとつお願いがあります。例文はできるだけ声に出して読んでみてください。

会話は声に出すことで身につきます。普段から口にしていないことを口に出すと、噛んでしまったりぎこちなかったりするものです。声に出しながら読むと、身につくスピードもグンと上がります。

それでは、あなたが自分に自信を持って、女性と楽しくデートできるように最後までサポートしていきますので、しっかりついてきてくださいね。

幸せな結婚に向けて、一緒に頑張っていきましょう！

植草美幸

目次

第2章 結婚できる男はどんなことを話している？

第3章 婚活の会話は「しゃべるだけ」ではありません！

第4章　こんなときはこうする！　シーン別の会話シミュレーション

第5章 やってはいけない婚活会話

第1章
実例！
もう会いたくない男図鑑

会話がうまくいかず、「二度目のデート」にたどりつけない男性にはパターンがあります。まずは、婚活現場で実際にいる「もう会いたくない男」の例を5つ紹介しましょう。

Pattern 1

しゃべらない男

基本中の基本として、しゃべらない男性に「二度目」はほぼありません！
これはもう当然ですよね。会話をしないことには、お互いがどんな人間なのかわかるはずがありませんから。女性からしてみたら、「この人はなんでしゃべらないんだろう？　なにか怒っているのかしら？」「私のことが気に入らないのかしら？」という風にしか見えません。スタートラインにすら立てないなんて、もったいない！

しゃべるのが苦手な人は、事前に話す内容を準備しておけば大抵なんとかなります。自分が「消極的・受け身な性格」という自覚がある人（自覚くらいはしていてほしいですが）は、女性と会う前に簡単な台本をつくっておくといいですよ。

「準備8割、実行2割」とよく言いますよね。仕事のプレゼンをするときなど、前日までに8割の準備をするはず。デートのときもこの「準備」が大切なのです。

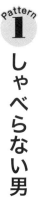

Pattern 2 目線をそらす男

しゃべるときに、なぜか目線をそらす人。これも会話のNG例としてよく挙げられますが、ことデートの席となると、相手からの印象を非常に悪くする〝絶対NG！〟な行動です。だって、目を合わせてくれない人と、一生を添い遂げるなんて考えられませんよね？

婚活は、「すべての行動が結婚を連想させる」と思ってください。恥ずかしがって目を合わせられないなんて、言語道断です！

私の相談所にも、女性と目を合わせるのが苦手という男性がいました。マッチングした女性に彼の印象を尋ねると「ずっと右ななめ下を見ていた」というではありませんか。さらに詳しく聞いてみると、「目が合ったのは最初の挨拶《あいさつ》のときだけ。そのあと目が合うことは一度もなく、怒っているのかと思った」ということでした。

あなたがどんなに素敵な人でも、目を合わせないと会話の歯車は回らないのです。

趣味は
なんですか？

Pattern 3

悪口を言う男

信じられないことに、デート中に女性の悪口を言う男性が、一定数存在します。

実際にあったのはこんなケースです。その男性は、あろうことかデートの席で、「女優の◯◯は一見スラッとしたモデル体型だけど、よく見るとおしりの肉がたれてるよね～」と言ったのだそうです。

どうですか？　女性の前で別の女性の話をし、さらに体型の悪口を言う。こんな男性はレッドカードで即退場です！

この男性はなぜこんなことを言ったのでしょうか？　その理由を尋ねたところ、「相手の女性がタイプじゃなかった」とのこと。自分の結婚相手にふさわしくないという理由で、デート中にわざわざ女性の品評会をする意地の悪い男性に、いい出会いはありません。

性格は顔や行動に出るので、女性にすぐ見抜かれるということをお忘れなく！

あの女性、
よく見ると
太ってるよね
アイドル
なのに、
全然可愛く
ないよね
世の中の
女はさ～

Pattern 4

家族自慢をする男

自分のアピールポイントがわからない男性で、どういうわけか、家族の自慢話に逃げる人がいます。

たとえば、「うちのおふくろ、○○大を出てるんだけどさ、当時は普通の人はなかなか入れない名門校だったんだよね～」という具合です。会ったこともない母親の話をされても、女性はポカンとするほかありません。

加えて、「ほかに話すことがない人」「自慢話ばかりでめんどうな男」という印象を与えますし、下手をすると、「マザコン」というイメージを植えつけてしまうことにもなりかねません。

とはいえ、家族の話をすることは、相手に安心感を与えるというメリットがあるのも事実。要するに、大切なのはさじ加減です。〝聞かれたら答える〟くらいにしておいて、自分自身の話をメインに持ってくることを意識しましょう。

うちのおふくろはさ……
親父は経営者で……

Pattern 5

仕事の話ばかりする男

「デートで自信を持ってしゃべったはずなのに、女性からいい返事をもらえなかった」という残念なケースを何度も見てきました。そんな男性たちにヒアリングしてみると、ある共通点があったのです。

それは、〝仕事の話ばかりしてしまう〟ということ。

ある程度の年齢を重ねて、仕事にやりがいやプライドを持っている男性は、自分がいかに素晴らしい仕事をしているかを話したがる傾向にあるのです。

仕事を知ってもらうことは自分のアピールにも繋がりますから、その気持ちはわかります。

しかし、仕事の話には、実は女性はそこまで興味がなかったりします。下手をすると、上司としゃべっているような感覚にさせてしまう恐れも。そうなると、もう結婚相手の候補から外されてしまうのです。

取り引き先がゴネてるんだよね～
新規プロジェクトを任されてるんだ～
新人が使えなくてさ～

いかがですか？　ここに挙げた男性たちの共通点は「ひとりよがり」です。

婚活の会話は女性とふたりで楽しむべきですが、それができずに一歩踏み出せなかったり、自己満足で終わってしまったりするのです。

女性に対する気遣いや感謝の気持ちがないのですから、当然、デートはこれっきり。ましてや結婚へのアプローチなどうまくいくはずがありません。

こんなことにならないように、5パターンの男性を反面教師にして、きちんと会話を意識してからデートに臨みましょう。

そのためのコツやツボは第2章以降でビシバシお伝えしていきます！

第2章 結婚できる男はどんなことを話している？

婚活男性の中には、会話に対して必要以上に身構えてしまう人が多くいます。ところが、会話はちょっとしたコツさえ掴むことができれば、決して難しいものではないのです。デートでは何を、どのように話せばいいのか、本章では「会話の中身」をお教えしましょう。

婚活会話の基本はこの3つ！

女性の話は最後まで聞く

女性の話って、男性にとっては理解不能に聞こえるときもあると思います。話すテーマが次々に変わって、変わったかと思えば、また戻ったり。そばで聞いている男性は「今、何の話をしているの⁉」と思ってしまうかもしれませんね。

しかし、これが女性特有の話し方なのです。彼女たちの間にはしっかりと会話のリズムが生まれています。そして女子会トークには、女性と楽しく会話をするヒントがたくさん詰まっているのです。

女子会トークにならうべきは、まず〝話を最後まで聞く〟ということ。

たまにいるんですよね、話を遮ったり、横取りしてしまう男性。女性の脈絡のない話にムズムズするのもわかりますが、会話を楽しくするためにも、女性の話は最後まで聞く。これが鉄則です。

女性の気持ちに寄り添う

そして次に大事なのが、〝否定しない〟〝共感する〟ということ。
「それは違うでしょ～」と否定して自分の意見を言ってしまうのは、絶対にNGです。こんな風に言われた女性は「どうして私の思ってることを否定するのかしら?」と、ネガティブな気持ちになってしまいます。

何か言いたいことがあるときは、否定せずに、「そうか～、上司にそんな嫌なことを言われたんだ。災難だったね」と、受け止めて共感してあげてください。そのうえで「僕だったら、こんな風に対応するかなぁ」と続ければOK。こっちの方が、伝わり方が断然マイルドになるでしょう?

「話を最後まで聞く」「否定しない」「共感する」――この3つの会話の基本はぜひ頭に叩きこんでください。

男性と女性は、からだのつくりが全然違う

3つの会話の基本に加えて、もう一点、婚活中の男性にはじめに知っておいてもらいたいことがあります。

それは、男性と女性はからだのつくりが全然違うということです。

当たり前だと思うかもしれませんが、男性はこの大前提を意識していないためにデートで失敗することが多いのです。

背の高さ、体格、歩幅、服装、髪の長さ、体感温度、食べる量……挙げればキリがないくらい、男女は違いばかり。

詳しくは後述しますが、会話には気遣いが大切ですから、まずはこの事実を知っておいてもらいたいのです。

婚活の会話力をアップさせて、女性と楽しくデートをするためにも、この点をしっかりと胸に刻んでおいてください。

人見知りでも大丈夫！　会話力は今からでも鍛えられる

「会話ができない」は思いこみです

「小さい頃からしゃべらない性格だし、いまさら会話力なんて上がらないよ……」

そんな風に考えている男性が、とっても多いです。

しかし、何度も言うようですが、会話は慣れです。必ず上達します。婚活の最前線で、そんな人を数多《あまた》と見てきた私が言うのですから、間違いありません！

それこそ、まともに挨拶ができないような人も結構います。ひとりで突っ走ってしゃべっているだけの人や、話を遮って自分の意見を言ってしまうような人も。会話下手とひと口に言っても、その種類は様々です。

しかし、だからこそ練習のしがいがあるってものです。

私の元に相談に来た男性でも、女性との会話が全然できない方が本当に多いです。

しかし、コミュニケーションのセミナーを毎月受けに来たり、動画の授業で学んだりして練習をくりかえした結果、スムーズに女性と会話できるようになりました。だからあなたも大丈夫です！

会話ができると自信がついて、相乗効果が生まれる！

今まで会話ができなかった男性でも、会話ができるようになるといいことばかりなのです。

というのは、女性と楽しく会話ができるということが自信になるんですね。自信がついた男性は表情がすごく明るくなりますから、会話している相手にも安心感を与えます。つまり相乗効果が大きいのです。

なにも、人見知りの性格を変えろなんて難しいことは言いません。性格を直すのは大変でしょう。私にだって、あなたの性格を変えることはできません。

しかし、そんなに難しいことをしなくても、女性とスムーズに会話する方法はあります。その方法については、本書でこれから紹介しますね。

相手によって会話を変えてみましょう

「誰に対しても同じ会話」ではうまくいかないことも

会話が上手な人は、話す相手によってテーマや声のトーン、リズムなどを巧みに使い分けています。

すごいでしょう？　しかし、これは当たり前のことなのです。

たとえば、十代の女の子に政治経済の話をしたところで、ほとんどついてこれません。中には興味を持っている子もいるかもしれませんが、それも稀《まれ》でしょう。

逆に、三十代のバリキャリの女性にゲームやアニメの話をしても、ため息をつかれて終わりです。

理想は、相手の年齢や職業に合わせて会話をつくっていくこと。

結婚相談所に入っているならそれらの情報は最初から手に入っていますが、必ずしもそうとは限らないでしょう。場合によっては、相手の女性の年齢すら知らないということもあるかもしれません。

大切なのは、相手を考えて会話をつくる心意気

そういうときには、女性の服装や振るまい、雰囲気などから、その人を分析してみてください。

その分析がハズレてもいいのです（大ハズレは避けてほしいですが……）。相手を考えて会話をつくるということに意味があるのですから、探り探りだっていいのです。

探ろうとしている様子を見て、女性も「興味を持ってくれているわ」と感じますから。

ときには、どうにもこうにも会話が噛み合わないという場合も、もちろんあります。

そのときは、相性が悪いと思って、諦めてさっさと次に行きましょう。

会話をしている中で「この人とはなんだか合わないかも」としっかり思えたら、それはそれで会話レベルが上がっている証拠。自信を持っていいのです！

今すぐに、グッとモテる男になれる話し方

相手へのリスペクトをこめて「感じよく話す」

さて、〝感じのいい話し方〟と聞いて、頭の中ですぐにイメージできますか？

表情、物腰、声のボリューム、いろいろな要素がありますが、本当に大事なのはたったひとつ。〝どれだけ相手を思いやって話せるか〟ということです。

だって、相手への思いやり＝リスペクトがあれば、批判したり、けなすような発言は、絶対にできないはずでしょう？

ところが、相手が年下だと知るやいなや、上から目線で説教したり、エラそうに講釈たれる男性が本当に多いのです！　こういう人は大抵、店員さんにも横柄《おうへい》な態度をとりがちです。そして、女性から白い目で見られて、それっきり音信不通に……。実際にそういうことがありますから、本当に注意してほしいです。

感じのよさは〝ありがとう〟で伝わる

感じよく話せる人は、誰に対しても礼儀正しいですし、相手を敬う気持ちが会話に表れます。一番わかりやすいのが「ありがとう」のひと言。

プライドが高く、人に対する感謝がいまいち足りない男性は、「ありがとう」がなかなか出てこないんですよ。もはや、言わないことがクセになっているの⁉というくらい。これはかなり重症です。

それに対して、「ありがとう」を言うことがクセになっている人は、何かをしてもらったとき、すぐにこのひと言が出てきます。だから〝感じがいいな〟と思われるのです。

こんなに簡単なひと言で感じがいい人と思われるのですから、使わないのはもったいない！　今日からあなたの口グセは「ありがとう」に決まり！　次のデートでも実践してみてください。

雑談って、どうすればうまくいく？

雑談は「自分が気になったこと」を実況中継する！

「雑談って結局何を話せばいいんだろう」と悩む男性は少なくありません。「雑談」とひとつのカテゴリーにして考えるから、難しく聞こえてしまうんですよね。

しかし、雑談というのは要するに「何を話しても成立する会話」なのです。コレ、という正解がないかわりに、大きな間違いというものもないのです。

趣味や特技の話でもいいし、休日の過ごし方でも、飼っているペットについてでもＯＫ。どんなテーマでもすべて雑談になりますから、自分が気になったことを素直に話せば大丈夫です。

……さて、気がつきました？　私、今大事なことを言いました。

そう、〝自分が気になったこと〟。これが会話をする上でとーっても重要なのです！

というのも、会話が上手な人には五感が鋭い人が多いのです。

会話が上手な人は、今自分が何を感じているか、何に興味を持っているか、何をしようと思っているのか……。そういった自分の心の声を素直に受け取れます。

ですから、会話のテーマにも困らないのです。話したいことは常に身のまわりに転がっていますから、話題がポンポン出てきます。

これはスポーツなどでよくある「実況中継」と同じ。今起きていること、自分の気になったことを、どんどん口に出してみましょう。

そのときに女性の反応を見ながら、「この話は盛り上がりそうだな」と、話に花を咲かすチャンスを伺ってみてください。

当たり前の景色にも、会話のネタは溢れている

ところで、最近は五感が鈍っている人が多いなと、私自身もすごく感じています。

たとえば先日、オフィスの窓から、夕日が空を真っ赤に染めているのが見えて「うわ〜キレイ！」と思って周りを見たのですが、誰ひとりとして、そのことに気がついていないのです！「ほら、夕日がキレイだから見て！」と、つい仕事中のスタッフ

たちに言ってしまいました。

もしあなたが今、会話に四苦八苦しているなら、一度頭の中を空っぽにしてみましょう。

そのとき、目の前に見える景色はどうですか？

今あなたの近くには何がありますか？

そこにあるものを当たり前と思わず、一つひとつを丁寧に受け取ってみてください。

自分が何を感じているかがわかれば、会話の話題もスルッと降りてきますから。

質問は大切だけど、やりすぎは逆効果

質問が「尋問」にならないように

相手のことをよく知ろうと思うがゆえに、まるで刑事の尋問のように次から次へと質問をする男性がいます。その積極性は素晴らしいです！　しかし、一旦クールダウンしましょう。

女性は質問されることが決して嫌ではありません。「興味を持ってくれて嬉しい！」と思うでしょう。

ただ、質問が次から次へと飛んでくると「なんだか尋問されてるみたい……」という風に、真逆の反応になってしまうのです。

コツは、「AND YOUの法則」

相手のお話をたくさん聞きたい気持ちはわかりますが、そこはぐっとこらえて！

1回質問したら、次は相手からの質問を待つ、というパターンをつくりましょう。相手だってあなたのことを聞きたいはずですから。

質問をするときのコツは、「AND YOUの法則」を使うこと。

たとえば、「僕は高校までずっと公立育ちだけど、君は《AND YOU》？」という質問をすると、相手は「私も！　部活は何かやっていたの？」などと答えてくれます。

できればそのまま、生い立ちや生活環境の話につなげていくのがベスト。婚活において、相手がどんな家庭でどんな風に育ってきたかは早い段階で知っておきたいところです。

ですから、せっかく質問するなら、相手の生い立ちがわかるような内容――学生時代の話、部活動、アルバイト、習い事などのテーマがいいと思います。だからあなたも、学生時代の〝鉄板ネタ〟を2つか3つ用意しておくといいでしょう。

相手に興味を持ったら、まずは〝素性〟を知りたくないですか？　婚活会話の質問はそこがポイントなのです。

本当の聞き上手は、相手の「気持ち」を聞く

話を真剣に聞くだけではダメ？

「聞き上手」を履き違えて認識している人が結構います。

「それでそれで？」を連発すれば聞き上手なんてことはありません。これではただ、話の続きを促しているだけ。

さて、真の「聞き上手」とはなにか。

それは〝相手の気持ちを聞ける〟ということです。

相手の話を真剣に聞くだけでは、90点。周りの男性に差をつけるには、さらに「相手の本当に思っていること」を聞き出すことができればいいのです。

「相手の気持ちを聞く」ってどういうこと？

なんだか難しい話のように思えますよね。しかし、相手の気持ちを聞くというのは、本当に些細なことでいいのです。

「お腹空いてない？」

「寒くない？」

「暑くない？」

「疲れてない？」

「足痛くない？」

などなど、今その瞬間に感じている相手の気持ちを、どんどん聞いてあげましょう。

女性はそのときどきで適当なことを言ったりもしますが、それはそれです。

あなたにできることは、とにかく、相手の本当に思っていることを引っ張り出してあげることなのです！

「あんまり聞くと、変に思われないかな？」なんて心配はしなくて大丈夫。

男性は自分で思っている以上に、相手の気持ちを聞いてないのです。時間がたってから女性が、「本当はこうしてほしかったのに！」と、恨み言を言う喧嘩が頻発するのは、女性の気持ちを聞けていないからなのです。

ちなみに、相手がなかなか自分の気持ちを言い出さないときは、あなたが進んで自分の気持ちを言うと効果的です。

「お腹空いちゃったな〜。僕は和食か中華の気分だけど、君はどう？　お腹空いてない？」

こう聞けば、相手も「ＯＫ！　お付き合いします。私も……」という展開になりやすいです。このように相手が返事をしやすい聞き方も覚えておくと、「また会いたい」「一緒にいたい」と女性も思ってくれるでしょう。

言葉数を増やして、どんどんラリーしましょう

言葉数で会話は一変する！

ある男性が「どうしても会話が続かないんです！」と嘆いているので話を聞いてみると、なんてことはありません。原因はすぐにわかりました。

男性には多いのですが、〝言葉数〟が足りないのです。

たとえば、「趣味は何ですか？」と聞かれたとします。それに対して、「スポーツ観戦です」……以上。これでは会話が続かないのも当然です！

一方で、会話上手の人はこう答えます。

「うーん（考えるアクション）、そうだなぁ。最近は体を動かすことにハマってるかな。週一でジムに行くようにしてるよ。最近はジムに来る女性も多いよね」

ふたつを比べてみると、圧倒的に言葉数が違うことがわかりますよね。

さらに後者は、「女性がいるスポットに頻繁に足を運んでいる」ということを暗に

伝える高等テクニックを使っています。なにげないひと言ですが、これで女性の競争心を煽ることができます。特に狙っているわけではない男性が相手でも、「ふ〜ん、そういうところに行ってるんだ〜」と思うのですから、女心って不思議ですね。

どうすれば言葉数を増やせる?

さて、言葉数を増やすコツですが、状況を順番に話していけば簡単です。

ネットが趣味なら、「いつ、どこで、どんな風に」使っているかを思い浮かべながら話してみましょう。

「趣味はネットかな。家に帰ってメールしたり、ネットショッピングしたり。最近はいろいろなアプリがあって便利だよね」

これだけの情報を盛りこめば、次の会話のきっかけもつくれますよね。このあと、ショッピングの話にもアプリの話にもつなげることができます。

「あなたの趣味は何ですか?」そう聞かれたときに、なるべく情報を多く入れて説明する一文を用意しておくと、いざというとき役に立つはずです。

簡単なのに会話が弾む、とっておきの方法

困ったときは「オウム返し」で乗り切れる！

会話がどうしても苦手な人にぜひとも習得してもらいたいのが、〝オウム返しテクニック〟です。テクニックといっても簡単で、相手が言ったことをそのままくりかえすだけなので、誰でもできるはずです。

たとえば女性が、

「うちの近所に、コーヒーの美味しいお店があるんだ～」

と言ったらすかさず、

「え！　コーヒーの美味しいお店？」

という感じに返すだけ。簡単でしょう？

もちろん、ただ同じ言葉を返しても意味がないので、しっかりと目を見て、前のめりになること。「あなたの話していることに、とても興味があります！」という姿勢

を見せるのがコツです。

お手軽なぶん、多用には注意して！

このオウム返しテクニック、あなたがどうしても仕事で疲れているときにも結構役に立ちます。

楽しみにしていたデートでも、その日の体調や仕事の疲れから、万全なコンディションを用意できなかったということもあるかと思います。そんなときでも、相手の言葉をくりかえすことさえ覚えておけば、大体なんとかなるのです。

しかし、あまり多用するとさすがにしつこいので、本当に困ったときのみ使うようにしてください。

相づちは「あ・い・う・え・お」と「は・ひ・ふ・へ・ほ」

相づちには〝鉄板〟の方法があった！

会話で必要となるのが相づちです。せっかく女性が気分よく話しているのに、「へー」や「ふーん」では、盛り上がる会話も盛り上がりません。

たとえ、どんなに興味のない話であろうとも、熱心に聞いている風を装うことが大事なのです。楽しい会話というのは、テンポとリズムが不可欠ですからね。

相づちに難しいイメージを持つ人もいますが、そんなことはありません。

「あいうえお」「はひふへほ」、この10の頭文字を使えば、すべての状況をカバーできるのです！

「ああ〜！」（共感する）

「いいね！」（肯定する）

「うん?」(聞き返す)
「ええ!」(驚く)
「おお~!」(感嘆する)
「はあ~!」(感心する)
「ひゃー!」(驚く)
「ふううううん」(深くうなずく)
「へえ~!」(感心する)
「ほおおお」(納得する)

どうですか。どんなシーンでも使えそうでしょう?

いずれも、感情をこめて言うのがポイント。あなたが興味深く話を聞いてくれるのを見て、女性は「この人は、すごく熱心に話を聞いてくれる人なんだなぁ」「話していて楽しい人だなぁ」という印象を持ちます。これで好感度がグンと上がること間違いなし! さっそく、鏡を見ながら声に出して練習してみましょう。

女性を褒めるにもツボがある！

女性は、外見を褒められても意外と嬉しくない？

相手のいいところを素直にいいと言える人ってステキですよね。男女を問わず、褒め上手な人は、愛され上手と言えると思います。

ただ、シャイな男性にとっては、褒めるという行為がすごく難しいもの。

しかし、照れながら褒めるというのも、それはそれで女性をキュンとさせるものです。男性には、勇気を出してどんどん女性を褒めていってほしいですね。

さて、褒めるといっても、中には間違った褒め方があります。褒めているつもりが、かえって相手を不快にさせる危険性もあるので注意が必要です。

特に相手が女性の場合、外見を褒めすぎるのは控えた方がいいかもしれません。

というのも、最近は、特殊メイクばりの技術で、別人級に変身している女性が意外といるからです。

目元なんて特にそう。カラーコンタクトで1・5倍になった瞳を見て、「目がとってもキレイだね」なんて言っても、女性は嬉しくないのです。

「内面」と「笑顔」を褒めればうまくいく

それよりも、女性がもっと喜ぶのは「優しいね」という言葉。もしくは「気がきくね」という言葉です。内面を褒められるのはやはり嬉しいものです。

なによりも、「優しいね」と言うことで女性は本当に優しく、気がきくようになっていくのです！　これは本当ですよ。

また、女性が褒められて嬉しいのは「笑顔」です。

〝バリキャリ〟が多いこのご時世、男性と会っても仕事のモードが抜けず、笑顔が出せない女性が多くなっています。しかし、あなたのひと言がきっかけで、女性の笑顔を引き出すことができるのです。

女性を上手に褒めるというのは、その女性をどんどん魅力的にするということでもあります。せっかくなら、内面の褒め方のバリエーションも増やしてみましょう。

女性の○○を褒めれば間違いない！

「内面と笑顔を褒めるといい」と言いましたが、会話が苦手な人にとっては少しハードルが高いかもしれません。

そんな人にはとっておきの「褒めポイント」をお教えしましょう。

それは相手の女性の「お名前」。

名前というのは親御さんが一生懸命考えて、願いをこめてつけたものです。褒められて嫌がる人はまずいません。

万が一、「自分の名前が気に入っていないの」という女性がいたとしても、「そうなんだ。でも、とっても素敵な名前だと僕は思うな」と優しく言ってあげましょう。

沈黙してしまったときの一発逆転には、○○を話題にせよ

食事中にシーンとなってしまったら

テンポよく話していたのに、だんだんと話題がなくなり、シーンとなってしまう……。なんとなく気まずい、こういう場面もよくありますよね。

そんなときはとりあえず、目の前のお料理やお酒の話題を振っておきましょう。

「これ美味しいね。なんのソースなんだろう？」

「このワイン気に入った？」

あなたが沈黙に困っているとき、相手も同じ気持ちです。話すネタさえ見つけられたら、女性も自然とノッてくるはず。そこからまた、会話のリズムを掴んでいきましょう。

相手のことが知れて沈黙にもならない、一石二鳥のお店とは？

外を歩いているときに沈黙が訪れたら、手近なお店に入ってしまうのが得策です。

「ちょっと、このお店入ってみない？」

「このアクセサリー、君に似合いそうだね」

「このお店、インテリアの雰囲気がすごくいいよね」

といった会話につなげられます。

お店に入ったら、なにかしら会話のネタはあるはずです。初めてのお店、おしゃれなお店は緊張するかもしれませんが、そんなときも無理をせず、「こういうお店は慣れていないんだ」と素直に口に出せばいいんですよ。

ちなみに、会話に困らず、なおかつ婚活デートにピッタリなお店があるのです！

ズバリ、それはインテリアショップ。

インテリアを見ながら、「こういう部屋ってステキだよね」とか、「僕の部屋はこういう感じだよ」なんて会話ができたら、お互いの趣味を確認できたり、自然と結婚後の生活を想像できたりして、沈黙する暇さえなくなります。

実践するときは、デートのプランを決める際にインテリアが置いてありそうなお店の場所を把握しておいて、「ちょっと買い物に付き合ってもらえる?」と誘ってみてもいいでしょう。

ところで、どんな話題を出してもなかなか会話が続かないというときはありませんか?　これは、気がつかないうちに失言をしている可能性が考えられます。

挽回する方法はもちろんあるので、女性が不機嫌になったときの対処法はのちほどご紹介します。

知ったかぶりにメリットはひとつもない

ウンチクはほどほどに

女性にいいところを見せようと、過剰に知識をひけらかそうとしていませんか？

それ、実はとっても危険な行動なのです。なぜなら、その分野に関して女性の方が知識を持っているということが往々にしてあるからです。

実際に、美術館にデートに行き、自信満々にウンチクを言ったものの、女性の方が遥かに知識があった……という、なんとも残念な方がいました。これはかなり恥ずかしいですよね。

ですから、ウンチクなんて言わずに、一緒に同じものを見て、素直に楽しめばいいのです。デート中は、新しく見るものに目を輝かせていましょう。

知ったかぶりは、相手の女性にも恥をかかせる⁉

ウンチクもなかなか面倒ですが、知ったかぶりはもっと最悪です！

実際に、何を思ったのか、ゴッホ展で「バッハだ。前から好きで、一度見てみたかったんだ」と言った男性がいました。周囲にも聞こえるくらいの大きな声だったので、女性はとんでもなく恥ずかしい思いをしたそうです。「ちょっと待ってよ、ゴッホ展に来てなんでバッハなの⁉」という話ですよね。

〝頼りになる＝知識をたくさん持っている〟というわけではありません。最低限の教養は持っていてほしいですが、無理して知識人ぶる必要はないのです。

変なプライドは捨てて、初めて知ることは女性と一緒に「お〜、そうだったんだ！」と驚けばいいですし、知らないことは素直に「教えて？」と言った方が断然カッコいいですし、女性は母性をくすぐられます。それに、そんな会話の方がよっぽど楽しそうじゃないですか？

デート後の「お礼メール」その極意とは？

たった1通のメールが婚活の明暗を分ける！

デートをしたあとは、必ずお礼のメールをする。

これはもう必須中の必須です。忙しい中、時間をつくって一緒に過ごしてくれた女性に対して、ねぎらいの言葉をかけるのは当然のこと。婚活に関係なく、大人としてのマナーですよね。

メールの文面を考えるのが難しいという人は、こちらを参考にしてください。

「今日は時間をつくってくれてありがとう。とても楽しかったよ。気をつけて帰ってね。また会えると嬉しいな」

「今日はすごく楽しかった。時間をつくってくれてありがとう。今日話したレストラン、今度一緒に行こうね」

と、こういった感じです。できれば、女性と別れたあとすぐに送るといいですね。

ピンチはチャンス！　もし相手から先にメールがきたら？

もし、女性の方から先にメールがきてしまった場合はどうするか。実はこれ、逆にチャンスなのです！

このときは文面の最初に、

「今メールしようと思ってたんだけど、先を越されちゃったな。やっぱり◯◯さんは気がきく人だね」

というひと言を入ればＯＫ。

キラーワードである「気がきくね」という言葉を入れて、さりげなく相手を褒めることのできるチャンスを逃してはいけません！

このように、たった1通のメールですが、あるのとないのとでは天地ほどの違いがあります。最後まで女性を気遣うことで、デートをビシッと締めてくださいね。

1秒で「イイ男」になれる！ 言い換えフレーズ集

「ここまで本を読んではみたけれど、結局なんて言えばいいのかわからない……」という人のために、こんなものを用意しました。

〝1秒で「イイ男」になれる！　言い換えフレーズ集〟です！

それもただのフレーズではありません。女性が「また会いたい！」と思うような言葉をたくさん詰めこんだので、婚活のデートで使えること間違いなし！　ぜひ声に出しながら読んでくださいね。

出会ったとき

「はじめまして」　⇓　**「今日はお会いできるのを楽しみにしていました。想像していたより、ずっと○○ですね」**

○○にはもちろん、褒め言葉を入れましょう。〝おキレイですね〟や〝スタイルがいいですね〟〝おしゃれですね〟が、女性は嬉しいと思います。

ちなみにポイントは「想像していたより」という言葉！

なによりも〝デートをする前から、あなたのことを考えていたんですよ〟と伝えることが重要なのです。

第一印象、最初のひと言がその後の婚活を左右するのは言うまでもありません。出会いの瞬間はしっかり目を見て、笑顔を忘れずに！

遅刻してしまったとき

「遅刻してすみません」 ⇒ **「遅れちゃってごめんなさい！」**


日本人は「すみません」をやたらと使いますが、適当に使うのはやめましょう。使い勝手のいい言葉ほど、相手は気持ちがこもっていないように感じてしまいます。

謝罪としての「すみません」は「ごめんなさい」や「申し訳ありません」、ウェイターを呼び止めるときは「お願いします」、店員さんからお水をもらったとき、道を譲ってもらったときは「ありがとう」。このように正しく使い分けると知的ですし、ほかの男性に差をつけることもできます。

ですから、遅刻して謝るときは「ごめんなさい」「申し訳ない」、打ち解けてきた仲なら「ごめんね」を使うといいですね。

デートの場所を決めるとき

「どこに行きたい？」　⇓　**「好きなところに連れて行ってあげる」**


「連れて行ってあげる」という言葉に、女性はとっても弱いのです。

ひとりでどこにでも行けるような、強い女性が増えた今だからこそ、こういった頼りがいのある言葉にキュンとするもの。ですから、「どこに行きたい？」はNGです。

相手の意見を尊重しているつもりでも、女性からしてみれば「私が考えなきゃいけないのか……」とウンザリしているかもしれません。

ちなみに、ベストな聞き方は「○○と□□と△△、どれがいい？　ほかでもいいよ」という、「3択＋その他」の形です。

選択肢がないと、「いつも私が決めなきゃいけない」「提案してくれない頼りない男」

と思われてしまいます。相手にストレスを与える聞き方は避けて、ここはビシッと頼りがいのある男を演じましょう。

何かを褒められたとき

「そんなことありませんよ」　⇓　**「本当に？　嬉しいな～！」**

褒められるとつい謙遜しちゃうクセ、ありませんか？　真面目な男性には特に多いのではないでしょうか。

しかし、「そんなことありません」と否定すると、そこで会話が止まってしまうのです。謙虚さはもちろん大事ですが、褒めてもらったときには思い切って肯定した方が、会話が盛り上がったり、相手に素直な印象を与えられます。

たとえば「○○大学卒ってすごいですね！」と言われたら、

「本当に？　そういう風に言ってくれて嬉しいな。よかったよ、滑りこみだけど○○に入れて」

というように、ユーモアで返せたら100点満点です。自信がついてきたら、チャレンジしてみてくださいね。

デートの終わりに

「楽しかったです」　⇒　**「今日はとても楽しくて、時間があっという間に感じたよ。君もそうだといいな」**

楽しかったことを伝えるのは当たり前！　一緒にいる時間がすごく充実していたことを、もっと切実に伝えてみましょう。

「時間があっという間だったな」という方が、好きな人を想う、なんとも切ない気持ちが伝わるような気がしませんか？

デート後のお礼メールにももちろん活用できますから、あなたの気持ちを思い切って伝えてみてください。

いかがですか？　どのフレーズもそうですが、肝心なのは、ひと言で終わらせないこと。前述したとおり、言葉数で会話は激変しますから、少なくとも2語以上をつなぎ合わせることを意識しましょう。

自分で思っている以上に、自分の気持ちは相手には伝わっていないもの。楽しい気持ちは、ダイレクト＆ストレートに！　しっかり伝えるくらいがちょうどいいのです。

特に日本人はシャイな男性が多いですから、自分の気持ちを言葉にできる男性というだけで、女性にとっては魅力的に映るものなんですよ。

第3章

婚活の会話は「しゃべるだけ」ではありません！

会話は話のテーマや内容がすべてではありません。「ノンバーバルコミュニケーション」――つまり、身ぶりや態度や表情といった言葉以外のコミュニケーションも、話す内容と同じくらい大切なのです。ぜひ「会話の見せ方」を習得して、感じのいい男性を目指しましょう。

実は大切な、会話の〝見せ方〟

姿勢から会話は始まる

カフェやラウンジでお茶をしていると、腕組みして話している男性をたまに見かけます。おまけに、脚を豪快に組んでいたりもします。

リラックスして会話ができているのはいいことですが、はたから見ていて美しくないのです。姿勢があまりにも崩れすぎると、相手に威圧感を与えることもあるので、オススメできません。たとえば、相手があなたの会社の取引先のエラい人だったら、話すときに脚を組んだり、肘をついたりしませんよね。

はたから見ていて美しくないのですから、向き合って話している女性は、さらにそう思っているかもしれません。

「いつもこんなに姿勢が悪いのかしら。だらしない」「腕組みしてて、なんだかエラそう」――こんな風に思われてしまったら、せっかくのデートが台無しです。

「婚活は、すべての行動が結婚を連想させる」と言いましたが、会話する姿勢は、まさにその人の人間性を表します。

目で見ても気持ちいい会話をしましょう

もちろん、デートの最中にそこまで固くなる必要はありませんが、相手にリスペクトの気持ちがあるのならば、自然と振るまいも美しくなるはずです。

会話に集中しつつも、自分が話している姿を相手の女性に〝見せている〟という感覚を忘れないようにしてください。その意識が頭の中にあれば、肘をついたり、脚を組んでのけぞった姿勢になったりしませんから。

逆に、ガチガチに強張《こわば》って、動きがまったくないのもいけません。

背筋をまっすぐに伸ばして、手は机の上で軽く組むくらいにしておけば、相手といい距離感を保てるはずです。

姿勢によって、話す言葉の内容、印象も変わります。デート中はぜひ、〝見せる〟会話を大事にして、相手の目にどう映っているかを意識してください。

さりげない好意のアピールは、「目線」と「表情」が決め手

目線を合わせすぎるのは逆効果！

第1章で、「目を合わせない男性はダメ！」と言いました。

しかし、相手の目を見すぎてもダメなのです。

「目を合わせて話してね」という私のアドバイスを真剣に実践してくれた男性の中には、相手を穴が開くくらい見つめてしまう人もいます。「それはちょっと違うんだけどな～」と、ずっこけてしまうのですが……。

あまりにも目を見つめすぎると、相手はどうしていいものやら困ってしまいます。人によっては「怖い」と感じてしまうかもしれません。

そこで、うまく目線を送るには、表情をつくって話すことが大切です。

「へえ～！」と驚いたときや、「すごいね！」と感心したとき、「面白いね！」と笑ったとき……ずっと目を合わせているということはないはずですよね。

つまり、表情が変われば視点も自ずと変わっていくんです。

真顔でじっと相手を見るのではなく、表情も変えながら自然な目線を意識して会話をしてみてください。

デートの前は、口角をほぐしておきましょう

このように、素直に感じたことを表情に出すのが会話上手の秘訣です。

しかし、普段からあまり表情を動かさないせいか、顔の筋肉が固まって、うまく笑えていない男性をよく見かけます。

あなたのその緊張した表情は、当然相手の女性にも伝わります。ぎこちない空気が流れて〝シーン……〟なんてことになったら、相手も自分も楽しくないですね。

そこで、会話中には、自分が思っている以上に口角を上げて笑ってみてください。

ここで気をつけてほしいのですが、歯はきちんと磨くか、歯医者さんでキレイにしてもらってください。芸能人みたいに真っ白な歯である必要はありませんが、笑顔になると口の中が見えますから、口元のケアも会話術のひとつとしておきましょう。

声のトーンは、「マジメくん」より「かる〜い男」

少しくらい、かる〜くなってみましょう

「軽い男を目指せ」と言われたところで、そう簡単にはなれるものではありませんよね。しかし、軽い男がしていることをマネすると、あなたの世界は格段に広がっていきます！「軽い」というのは決してマイナスの意味ではありませんから。

ちなみに、私が思う〝軽い男界〟のレジェンドは、なんといっても石田純一さん。希代の色男である石田さんですが、なんとこれまでに500人の女性にフラれた経験がおありだとか。驚きの数字です。

つまり、500人の女性にフラれて初めて、石田純一さんのレベルに到達できるというわけです。もちろんみなさんにそこまでやれとは言いませんが、今回は私が実際にこの目で見た、石田さんメソッドをお伝えしますね。

石田純一さんはなぜモテる？

石田さんとご一緒したときに私が心底感動したのは、顔を見てすぐに「あ〜、植草さん！」と声をかけてくださったところ。

「お疲れさまです」や「お久しぶりです」だと普通の挨拶で終わってしまいますが、相手の名前を呼ぶことで、グッと距離が縮まるのです。

加えて「私はあなたのことをしっかり意識していますよ」という意思表示にもなりますよね。さすが石田さんだなと思いました。

さらに、楽屋にお邪魔させていただく機会があったのですが、私が緊張のあまり、靴のストラップを外せないという非常事態に！

そこで石田さんがどうしたかというと、私の足元まで駆け寄り、ストラップを外すのを自ら手伝おうとしてくださったのです。

女性の服装や一挙手一投足を本当によく見ている方なんだなと、感激しました。

もしかすると、読者のみなさんは、石田さんほどのモテ男だと逆に参考にならないと思われるかもしれません。

しかしここで伝えたいのは、石田さんの「言葉遣い」「気遣い」「行動力」のすごさなのです。

女性に会ったらすぐに相手の名前を呼び、女性が困っているところを見たらすかさず行動に移す。

この2つのポイントは今日からあなたも取り入れられる、石田さんメソッドではないでしょうか。

リアクションは大げさなくらいがちょうどいい！

女性のリアクションはなぜ大きい？

手を叩いて笑ったり、大げさに驚いたり、さめざめと泣いたり……。

女性は、男性よりもずっと感情表現が豊かな生き物です。特に女子会では、それがさらに如実に表れます。女性は次から次へと話題が変わっていくので、男性はそのスピードに合わせてリアクションをしていかないといけません。

ためしに、休日のカフェに行って見学してみるといいかもしれません。女性が信じられないテンポで会話しているのを実感できるはずです。

というのはどういうことか。つまり、女性にとって話しやすいリズムは、女子会のリズムなのです。

しかし、さすがに男性が女性同士のテンション、口調で話すのは難しいでしょう。男性が「うっそぉー、すごぉーい！」なんて言っていても、ちょっと違和感があります。

〝女子会トーク〟をマネしてみましょう！

そこで男性は、女性のリアクションをマネしてみるところから始めましょう。

女子会トークは感嘆詞のオンパレード！「ええー！」「なんで⁉」「ほんとに⁉」「うそー⁉」と、相手が話したことに対して大げさに反応するのです。

男性は自分で思っているよりも、リアクションが薄いことが多いです。

そうすると、女子会に慣れている女性たちは、「ちゃんと話を聞いてくれてるのかしら？」「デートがつまらないのかしら？」と不安になってしまいます。

ですから、〝自分で思っている以上にオーバーリアクション〟――これも会話の鉄則だと思って、頭に叩きこんでください。

そのときはＴＰＯをわきまえて、声のボリュームには気をつけてくださいね。あんまり大きい声だと女性がびっくりしてしまいますし、静かなところで大きい声を出すのは子どもっぽいですから。

見逃してはいけない！　女性が見せる「退屈サイン」

楽しんでいるかどうかは、女性のしぐさで見抜ける！

「なんだか飽きてきたな〜」

「早く違うところに行きたいな〜」

など、デートの最中に女性がこんな風に感じていることもしばしば。

そして、そういう気持ちは、確実に女性のしぐさにも表れているのです。

たとえば、会話のテンポが遅くなってきた、脚を組んでブラブラさせている、自分の手（ネイル）を見ている……などが挙げられます。ましてや、スマホをいじり始めたらもう間違いありません。女性は、退屈しています！

さて、こんなときは慌てず騒がず対処しましょう。

退屈サイン、こう対処すれば大丈夫

女性の〝退屈サイン〟が見えたら、まずは

「場所を変えようか？」

と聞いてあげてください。

もしかすると、退屈しているのはその場所に飽きているからかもしれません。場所を変えるだけで気分も変わるので、また会話も盛り上がったりします。

「退屈している原因は場所ではなく、自分の会話のせいかもしれない……」と思っても、焦らなくて大丈夫！

第2章でもお話ししたとおり、会話のネタは数え切れないくらいあるんですよ。本当なら、デート中に無言の時間が生まれるなんてありえないくらいです。

なぜなら、「婚活」をしているのですから、相手の女性に聞かなきゃいけないこと、聞いてほしいことがたくさんあるはずなのです。

退屈させないためにも、プランはしっかりと立てる

女性を退屈させないかどうか、どうしても不安だという人は、事前のプランをしっかり立てておくことが大切。

相手に、その日の何時までデートできるかをあらかじめ聞いて、逆算してルートを考えておいてください。しっかりとしたプランがあれば不安もなくなり、自然と会話にも余裕が生まれますから。

ちなみに初回のデートは、疲れ果てるくらいがちょうどいいのです。自分のすべてを出し切って挑めば、退屈な時間なんて絶対に生まれないはずです。

見た目もコミュニケーションの第一歩！

まずは最低限の身だしなみから

この本では、主に会話の実践的なテクニックを紹介していますが、会話だけで婚活がうまくいくかと聞かれたら……答えは、〝NO〟。

婚活には外見が大切というのも事実です。

しかし、ここでいう外見というのは「顔がカッコいい」とか「身長が高い」とか、そういう見た目の話ではありません。大切なのは清潔感のある身だしなみです。

ですから「僕は見た目には自信がないから、もうダメだ……」なんて嘆く必要はまったくないのです。

男性の見た目は簡単に変えられる！

見た目を変えるのは難しいと思っていませんか？

実は、男性の場合は見た目を変えるのが、とっても簡単なのです！

というのも、美容室で髪をすっきりとカットしてもらって、ビシッとスーツを着れば、これだけでＯＫ。

「毎日会社でスーツを着てるよ！」という声も聞こえてきそうですね。

それでは聞きますが、そのスーツ、サイズはきちんと合っていますか？　色は？　パンツの折り目はキレイですか？　こういった知識を持っていないと、カッコいいスーツの着こなしはできないのです。

実際に私の元へ相談に来た30代の男性に、美容室へ行ってオーダースーツを着るようアドバイスしたところ、驚きの大激変を遂げました。さらに、身だしなみが変わると自信がつきますから、顔つきも話し方もガラリと変わるんですよ。

最近は2万円台でスーツのオーダーができるお店もあります。さあ、さっそくスーツを新調しに行きましょう！

女性がしゃべりやすい「場」のつくり方

「居心地のよさ」を演出できる男に

女性から、「この人と話していると、なんだか居心地がいいなぁ〜♡」なんて思われたら最高だと思いませんか？　こんな風に思われたら、あなたの婚活はハイスピードで上手く進んでいくに違いありません。

この「居心地のよさ」をつくるのは一見難しそうですが、実はなんてことはないのです。むしろ、難しいテクニックは一切必要ナシ！

たったひとつのことを意識すれば、「また会いたい」と思われる男になれるのです。

「ファッション」と「場所」はワンセット

ズバリ押さえるべきは、〝女性のファッションに合わせた場所に連れて行くこと〟。

たったこれだけです。

たとえば、カジュアルな服装の女性を高級フレンチレストランに連れて行ったら、お店の中で浮いてしまいます。

逆に、キレイなワンピースでドレスアップした女性を騒がしい中華料理店に連れて行ったら、場違いになってしまいます。いずれも女性の居心地を悪くさせてしまう例です。

失敗がないのは、デートの前に「どんな服装で来る？」と聞いてしまうことです。

女性が「買ったばかりのワンピース」と答えたら、お店の選択肢も自然と決まってくるでしょう？　そのときは、落ち着いた静かなお店を選べばＯＫ。客層が若いお店だと店内がうるさくなりがちなので、避けた方が無難です。

ちなみに、できるだけ静かなお店選びを、と言いましたが、あえてうるさいお店に連れて行って、隣に座って至近距離で話す……というテクニックもあります。

上級者向けなので、ある程度の訓練を積んで自信がある人のみ、試してくださいね！

「メールやSNSのやりとりはできるのに」という人へ

裏表が激しい人は、婚活で避けられてしまう

会って話したときは穏やかで物静かだったのに、SNSを見て仰天！　ド派手なライフスタイルの投稿をたくさんしていた……という人を、チラホラ見かけます。

人の趣味嗜好にケチをつける気は毛頭ありませんが、リアルとネットでの性格が丸っきり違うというのは、婚活している女性からすると結構気になる部分です。

中には、ネットではものすごく攻撃的になる男性もいます。

ネット上で顔が見えないため、強気になるという典型的な例です。裏表が激しすぎると、当然のごとく、結婚相手の枠からは外れていきます。結婚したあとに性格が豹変するかと思ったら、怖くて付き合えないですよね。

ほかにも、「友達がたくさんいる俺！」や「すごい物を持っている俺！」というような自慢投稿も、女性からの評判はよくないので気をつけた方がいいでしょう。

婚活中はＳＮＳよりもデートを楽しみましょう

実生活でもそんな風にアピールできるのであれば、ある意味問題ありませんが、私の元に婚活相談にやってくる男性の大半はそれができません。ＳＮＳだからこそ、テンションが高い自分でいられるんですね。

ＳＮＳを通じて、同じ趣味の人との交流を楽しむのはいいことですが、結婚はリアルな生活ですから、バーチャルで楽しむのとはまた違ってきます。もしもＳＮＳにハマっている自覚があるのなら、婚活の間は一旦お休みするのもひとつの手です。

あなたが婚活を頑張ると決めたのなら、ＳＮＳに充《あ》てていた時間を、会話力を磨いたり、デートのプランを考えたり、女性とデートする時間に変えた方が、ずっと有意義な時間を過ごせるはずですよ。

目指すのは、女性が疲れたときに会いたくなる男

女性は癒しを求めている

さて、ここまでいろいろな会話術をお話ししてきましたが、いかがでしたか？

この章の最後に、女性はどんな男性と一緒にいたいと思うのかをお話しします。

仕事が終わって帰宅した女性が、ソファに座って「はぁ〜、今日も仕事疲れたな〜」とひと息つきます。この瞬間に、ふっと頭に思い浮かぶ人……。これこそが、あなたが目指すべき存在なのです。

癒しを求めているのは、なにも男性だけではないんですよ。

昨今は、女性もバリバリ仕事をしている人が増えています。男性と同じように疲れているのです。そんな女性が探しているのは、心を癒してくれるような、包容力のある男性です。

もしも、「今日はすごく疲れちゃった」なんてメールが女性から届いたら、あなた

が頼られている証拠です。このチャンスを逃す手はありません！

「お疲れ様。今日も頑張ったんだね。えらいね」

「今日はゆっくり寝てね。今度ふたりで美味しいものでも食べに行こう」

など、優しいねぎらいの言葉をかけてあげてください。

女性にとってかけがえのない存在になるために

このときに間違っても「どうしたの？　何があったの？」なんて、問いただす返信はしないでください。

真面目で優しい男性は、よかれと思って相談に乗ろうとしてしまうのですが、女性の愚痴は、ただの愚痴。解決策を求めているわけではないのです。

愚痴の理由や原因を深掘りされると「面倒くさい！」と思われてしまいますので、気をつけてください。

さらに距離が縮まってきたら、女性の仕事が終わるタイミングで
「お疲れ様。そろそろ仕事が終わる時間かな？　気をつけて帰ってね」

なんてメールを送るといいと思います。

そんな日常の些細なやりとりが増えていくと、あなたはいつの間にか彼女にとってかけがえのない存在になっているはず。

そうすれば自然と、女性もあなたのことを結婚相手として意識してくれるようになります。

第4章

こんなときはこうする！ シーン別の会話シミュレーション

デートにはさまざまなシーンがあります。出かける場所、季節や気候などによって会話を使い分ければ、女性からの印象もグンとアップ！　しっかりと頭の中でシミュレーションをして、実際のデートに活かしていきましょう。

出会ったときの会話

デートは第一声が9割！

心理学者のメラビアン博士によると、人間は会って3～5秒でその人のことを判断するといいます。これは「メラビアンの法則」と呼ばれ、もちろんデートでも同じことですが、実は外見だけでなく、第一声の印象がとっても大事なのです。

言うまでもないことですが、待ち合わせには女性よりも早く到着しているのが理想です。なぜなら、あなたが女性を待ち構えている方が、会話のスタートが切り出しやすくなるからです。やって来た女性に対して、まずは、

「迷わなかった？」

「すぐにわかった？」

などと気遣いの言葉をかけてあげてください。

〝自分とのデートのために、わざわざ時間をつくって来てくれてありがとう！〟とい

う気持ちがあれば、この言葉はスッと出てくるはずです。

女性の方が早く着いていたら、どうする？

もし、女性の方が早く到着していた場合は、たとえそれが待ち合わせ時間より早かったとしても、

「ごめんごめん！　待たせちゃったね」

のひと言を絶対に忘れないようにしましょう。このひと言が言えない男性がとても多いのです！

先に到着している女性を見ても何も言わずに、

「それじゃ、店に入ろうか」

と言ってスタスタ歩いていってしまう人がいます。すると、そのあとどんなに会話がはずんだとしても、「気がきかない人」という第一印象を覆すのは難しくなります。

あるいは、あなたが待ち合わせ時間に遅れたわけじゃないから謝る必要はないと思うかもしれません。しかし、女性は自分が勝手に早く来ていたのにも関わらず、「待

たされた」と思うものなのです。

それから、会った瞬間に、

「今日、緊張していますか？　僕もです」

なんて言うのもＮＧです。緊張している女性をさらに緊張させてしまうひと言ですから、会社の面接のようでデートが台無しになります。

このように、ペラペラ話すだけが会話ではありません。やはり、気遣いができてこその会話なのだということを忘れないでください。

並んで歩いているときの会話

歩いているときは、「気遣いポイント」を見逃さない！

街を歩いているときは、あなたの〝気遣い力〟を発揮する絶好のチャンス！

エレベーターを見つけたら、すぐにボタンを押してあげる。

段差を見つけたら「段差があるから気をつけてね」とひと言添える。

横断歩道を渡るときは、車が来ていないか確認して、歩き出すときには背中をスーッと優しく押してあげる。

このように、どんな場所にいても、すべて女性のエスコートができるスポットだと思ってください。しかし、エスコートすることに集中しすぎて会話が疎《おろそ》かになってもいけません。ですから、会話を楽しみながら歩くことを想像してみてください。

どうです？　街を歩くだけでも相当疲れると思いませんか？　それが正解です！

ボーッと歩くだけなら、それはデートとは言いません！

男女では、靴も歩幅も全然違います

以前、デートに送り出した男性から、「江ノ島を50分で回ってきた」と報告を受けて仰天したことがあります。

あれだけお店があって、自然があって、縁結びの神社まであるデートスポットなのに、50分って一体どういうことなのでしょう⁉　私だったら、脳内妄想だけでも、2～3時間は散歩できますよ！

しかし、詳しくデートの様子を尋ねてみると、その理由がわかりました。

それはまあ見事に「脇目もふらず歩いただけ」だったのです。お店もほとんど素通りとのことでした。

もっとひどいのが、なんと相手の女性はハイヒールだったそうです。

どこにも立ち寄らず、休むこともできないのですから、スタスタ歩いて行ってしまう男性についていくだけで必死だったことでしょう。

前述したとおり、男女では身長が違いますから、一歩一歩の歩幅だって違います。

街を歩く際は、女性の歩幅に合わせて歩くことを徹底してください。

カフェでの会話

目の前の会話だけでなく、周りもよく観察する

昼間のカフェデート。楽しいですよね。

オシャレな雰囲気のお店で、美味しいコーヒーを飲んでスイーツなんて食べながら、お互いの趣味や休日の過ごし方について話して盛り上がったりなんかして……。デートの醍醐味のひとつです。

ところが、まったりできるカフェでは、つい気が緩んでしまう危険性もあるのです。やはり事前の準備が肝心！

言うまでもないことですが、ソファと椅子があったら、必ず女性をソファの方に座らせてあげましょう。

カフェの店内で待ち合わせだった場合はアピールの大チャンス！

女性が来るまでの間、あなたがソファ席に座っていましょう。そして、女性が来た

らパッと立ち上がって「こっちの席に座って」と言って場所を移動してあげるのです。

このとき、面倒くさいと思ったらいけません！

あえて行動を起こしてパフォーマンスをするのです。この〝移動する〟というひと手間かけた動作こそが、女性の心を掴むのですから。

雰囲気がイマイチなら、お店を変えるという手も

お茶をしていても油断は禁物。

相手の女性は本当に居心地よくしているのかな？　という風に気を配ってあげてください。

居心地が悪そうなら、お店を変えることも大切。一度入ったお店にこだわって、かたくなに移動しようとしない男性が案外多いのです。

もちろん、そのお店が最高の雰囲気だったらいいのですが、カフェは女子会で盛り上がっていることもあります。もし賑やかすぎる場合は、お店を移動した方がいいかもしれません。

そのときに間違っても、お店の人に「この店、うるさいんだよ！」なんてクレームをつけたりしないでくださいね！

小声で、「ちょっと騒がしいね。大丈夫？　静かなお店に行こうか」と囁いてあげてください。

会話に集中しつつ、周囲の様子にも気を配る。これができれば１００点満点です。

ドライブ

道中はデートプランや思い出をゆっくり話せるチャンス

車を使って、ちょっと遠くまでドライブデート。車内にふたりきりだと、気兼ねなくいろいろな話ができるからいいですよね。

ドライブデートでの会話は、シンプルに、これから行く目的地について話すのが一番盛り上がります。たとえば江ノ島デートなら、

「着いたら、たこせんと生しらすを食べようね」

「江ノ島神社でおみくじを引こうよ」

なんて話ができますし、鎌倉デートなら、

「大仏を見たあと、小町通りでお茶したいね」

「お土産に鳩サブレを買いたいな」

などなど、いろいろな会話に花を咲かせられます。どんな場所に行くとしても、一

日のデートプランを考えたらいくらでも話せるはずです。

もしも行ったことのない場所に行くときは、事前にガイドブックやネットを見て、きちんとリサーチしておきましょう。やはりここも「準備が8割」です。

帰り道は、

「江ノ島のネコが可愛かったね！」

「小町通りで食べたおせんべい、美味しかったね」

と、その日のかけがえのない思い出をふたりで振り返ればＯＫ。

共通の楽しい思い出を焼きつけるように話せば、「また会いたいな」「もっとたくさん思い出をつくりたいな」と女性も思ってくれます。

車内には「小道具」を用意せよ！

また、ドライブデートの場合は、小物が使えるのもポイント！

ふたり分の飲み物と、運転中でもつまめるお菓子、ウェットティッシュなどがあるといいでしょう。男性が運転しているときに、親切な女性は「なにかしてあげたい」

と思うものなのです。

そこで、

「ペットボトルの蓋、開けてくれる?」

「後ろの席にチョコレートがあるから、一緒に食べようか? 取ってくれる?」

なんて頼み事をしてあげましょう。女性にもきちんと役割を与えてあげることで、ふたりでいることの楽しさや嬉しさを女性も感じることができます。

あと絶対にやってほしいのが、女性を迎えに行ったときなどに、必ず車を降りてドアの前に立って待っていてあげること。

女性は車種を知らないことも多いので、どの車なのかわからずに探し回らせてしまうなんてことが起きがちなのです。ドアの前に立って「こっちだよ!」と手招きする。これがドライブデートのはじまりです。間違っても、車の中でボーッと座っていてはいけません。

夏のデート

男性と女性は、服装がまったく違う

まず知っておいてもらいたいのは、「女性の服装は、男性とはまったく違う！」ということ。夏はノースリーブやキャミソールなどを着て肩を出していたり、ショートパンツやミニスカートを履いて脚を出しています。

女性は真冬でもスカートとストッキングを履くので足元が冷えますし、コートの中も薄着ということは珍しくありません。

それを大前提として、季節ごとのデートで女性を気遣ってあげてください。

夏は外と室内の温度差に注意して

暑い夏場のデートで厄介なのは、室内と室外の温度差。

外はすごく暑いのに、お店や電車の中は冷房が効きすぎて寒い！　ということがよくありますね。体調にも関わることなので、しっかり気にかけてあげてください。

ただし、気にかけるといっても、デリカシーのない発言には注意。

汗をかいている女性に対して「すごい汗だね！」なんて間違っても言ってはいけません。汗が目立つなと思ったなら、すみやかに

「すごく暑いよね。早く涼しいところに行こう」

と言ってあげること。あなたのために頑張ったメイクやヘアスタイルが台無しにならないように、あなたが気にしてあげるのです！　女性のそういうかわいらしいところをきちんと見てあげましょう。

ジャケットは、夏でも男の必需品

逆に、入ったお店がすごく冷えていたときには、女性に冷房の風がダイレクトに当たっていないかを確認してください。もし、ダイレクトに当たっていたらチャンス！

「その席、風が当たって寒いんじゃない？　席代わろう？」

と声をかけてあげて、優しさのパフォーマンスをしてください。

また、ここで使えるのが〝ジャケット作戦〟。そっと肩にかけてあげて、

「これ、よかったら使ってね」

でＯＫです。

ジャケットは夏らしく麻など、薄手の素材のものがいいでしょう。お店でもネット
でもすぐに手に入りますから、１着は持っておいてソンはないはずです。

「こんなキザなことを実際にやるのは勇気がいるな……」と思うかもしれませんが、
そんなときは相手を〝年の離れた幼い妹〟だと思って優しく接してみてください。

そうしたら、

「大丈夫？　寒くない？」

「これ羽織って」

という言葉もスルスル出てきませんか？　会話には想像力も大切なのです。

冬のデート

クリスマスデートは、婚活最大の見せ場

婚活において、クリスマスは最も重要なイベントのひとつ。つまり、クリスマスのデートを約束できたら、かなりいい線をいってると思って間違いありません。だからこそ失敗できない、究極のチャンスだと思ってください！　実際に結婚相談所では、クリスマスに意を決してプロポーズをする男性が多いのです。

女性は冬でも意外と薄着

冬場のデートで男性に知っておいてほしいのは、あなたが思っている以上に女性は薄着だということ。昔から「オシャレは我慢」と言いますが、まさにそれなのです。

前述しましたが、スカートにストッキングという服装は足元がすごく寒いので、女

性はみんな我慢してあの格好をしていると思ってください。

そのうえヒールを履くのですから、足先の血行もどんどん悪くなっていきます。そんな中、歩きで連れ回されたら大変。寒くて会話どころではなくなります。

ですから、冬場のデートはなるべく歩かないコースを選択すること。

クリスマスのイルミネーションを見るにしても、すぐに暖かい室内へ移動できるスポットを選びましょう。

コートのポケットに忍ばせておく、ある物とは？

さらに、冬ならではのホッとあたたかい気遣いがあります。

それは、コートのポケットに使い捨てカイロを入れておくこと！　彼女が手袋をしていなかったら、これまたチャンスだと思ってください。

「ほら、ポケットの中は暖かいよ。暖めておいたんだ」

と言って、彼女の手をポケットへ入れてあげましょう。もちろんポケットの中でも、しっかりと手を握っていてあげてくださいね。

ポイントは、自分がやる動作について、ひと言説明をつけること。

これだけでステキな男性を演出できるのです。

冬はもうひとつ、とっておきの〝武器〟がある

そこまで準備を完璧にしたうえで、ぜひ使ってほしいアイテムがマフラーです。

女性はコートを着ているでしょうが、もしも首元が寒そうだったら、自分が巻いている大きめのマフラーを、すかさず彼女に巻いてあげましょう。

正面に向きあって、首にマフラーをクルッと巻いてあげれば、彼女もキュンキュンすること間違いなしです！

クリスマスは周りにもカップルがたくさんいますから、周りの雰囲気に助けてもらって、あなたもいつもより少し大胆に男らしく決めてみてください。

帰り際の会話

「また会いたい」と思われる、余韻の残し方

まさかとは思いますが、時間がきたら「はい、さようなら」なんて言って颯爽と帰ったりしていませんよね？

そんなことをしていたら、とてもではないですが、次の約束はできません！

お別れの時間が近づいたら、

「今日はありがとうね。僕はすごく楽しかったよ。君もそうだといいな」

と、素直にその日の感謝を伝えてあげてください。

お礼はメールだけでいいと思っているかもしれませんが、甘い甘い。直接言われた方が何倍も心に残るものです。

「終わりよければすべてよし」ということわざもありますし、相手に好印象を与えるためにも、最後のお礼はしっかりと目を見て伝えましょう。

相手に好意を持ったら、次のデートの約束も忘れずに

また、もしあなたが「また会いたいな」と思っているのでしたら、次のデートを約束することも忘れずに！　婚活においては、最初の段階でくりかえしデートできるかどうか、走り出しが大切です。

帰宅してから「次いつ会えるかな？」とハラハラしながら待つよりも、会っているときに約束をした方が気が楽ですし、不安が残りません。

デートの最後に必ず言ってほしいこと

そしてデートの最後には、必ず女性を家まで送る言葉をかけること。これは必須です！　ただし、

「もう暗いから、家（あるいは最寄り駅）まで送るよ」

と言うと、大抵の女性は「ええ〜、大丈夫だよ」と断ります。

そこで、ダメ押しでもう一度「心配だから送るよ」と言ってみてください。

「ありがとう」と言われたら、最寄りの駅か家の前まで送ってあげる。「本当に大丈夫」と言われたら今度こそ引き下がりましょう。あまりしつこくすると逆効果ですからね。

私の相談所に来た30代の男性は、この「送るよ」のひと言がきっかけで、めでたくご成婚が決まりました。

相手の女性に、彼との結婚を決めた理由を聞いてみると、「夜道が暗いからと、わざわざ家まで送ってくれたんです。私のことをすごく大事にしてくれていると思いました」とのこと。

これでもう女性を送るのは面倒くさいなんて言えないでしょう？

「また会いたい」と思われるためにも、婚活成功者のテクニックはどんどん取り入れていきたいですね。

第5章 やってはいけない婚活会話

婚活会話は何を話してもOKかといえば、そうではありません。女性に対して「やってはいけない」会話があるのです。女性の逆鱗《げきりん》に触れないためにも、このポイントはぜひ押さえておきましょう。

…女性の前で「忙しい」は禁句！

結婚に本気なら、最優先にすべきは女性とのデート

働き盛りの男性はすごく魅力的です。

しかし、たとえあなたが忙しくても、デートしている女性を前にして「忙しい」のひと言は禁句です。

逆に、最近の女性は男性以上に忙しくしている人もたくさんいますから、「私も忙しいんですけど」と思われてしまいます。

中には、せっかくの女性からのデートの誘いを、「忙しいから、予定がまだわからないんだ。ちょっと待ってもらえる？」と言って保留にしてしまう男性もいます。

男性としては、素直に状況を説明しているだけなのでしょうが、伝え方が中途半端

になっていますし、「忙しい、忙しい」では逆にカッコ悪いです。

私は婚活中の男性に、「婚活している間は、すべてのことを差し置いて婚活に集中して！」と口酸っぱく言っています。

なぜなら、今まで恋愛が二の次だったために結婚できないでいる人が、今集中しないで結婚できるわけがありません。

「婚活を頑張ろう」と決めたのならば、仕事もプライベートの趣味も後回しにして、女性との約束を優先させるべきなのです。

ですから、約束をするときは、その場で即答するのが理想。

本当にスケジュールが見えないときでも、

「調整するから、ちょっと待っててね」

と言えばいいのです。

わざわざ、忙しいアピールをして相手との距離が開いたら、せっかくのいい出会いも台無しになってしまいます。婚活中は、なるべく時間に余裕のある男でいましょう。

仕事の話は、女性にとってプラスになる内容を

第1章でも触れましたが、婚活会話において仕事の話は避けるのが得策です。

特に、真面目な研究職の男性は気をつけた方がいいでしょう。

「聞いてほしい！」という思いが先行して、専門用語をズラーっと並べてしゃべってしまったなんてことになりかねません。これでは、聞く方も大変です。

実際にあったケースでは、ある農家の男性が自分の仕事をしている姿を見せようと、女性を寒空の下になんと1時間半も立たせていたことがありました。

女性は一刻も早く部屋の中に入りたかったのですが、男性はまったく気がつかずに、ひたすら作業に打ちこみ……。女性の気持ちを置き去りにしていては、デートがうまくいくはずもありません。

これは極端な例ですが、無意識のうちに近いことをやっていないとも限りません。仕事に自信があるのはおおいに結構ですが、仕事の話はお付き合いをある程度重ねていく中で、小出しにしていくのがベターです。

自分を卑下しない！　相手を見下さない！

だからといって、

「俺の仕事なんて全然たいしたことないよ……」

なんて悲壮感の漂う話し方はもっとダメ！　これから結婚しようと希望でいっぱいの女性に、そんな後ろ向きな発言をしたら一気に興ざめです。

ただ、20代からずっと仕事を頑張ってきた男性たちですから、そろそろ肩の力を抜きたいという気持ちもわかります。

しかし、癒されたいなら、まずは自分が相手を癒さないといけません。「自分だけなんとかしてくれ！」では、結婚は夢のまた夢です。

ほかにも、女性の仕事をけなすようなひと言にも気をつけてください。女性が会社の愚痴を言ったときに、

「君の会社っておかしくない？　社内ルールはある？」

なんて上から目線で返されると、相手はげんなりします。

そもそも女性は自分の気持ちをわかってほしくて愚痴を言っただけですから、それ

を本気に捉えて問題解決する必要はありません。女性の会社を否定するなんて、もってのほかです。

また、基本的に婚活会話においては、悪いことは一切言わないと心得ていた方がいいでしょう。仕事の話をするにしても、

「僕の会社は子ども手当が手厚いから、君が子どもを産んでもお金のことは心配しなくていいよ」

など、相手にとってのメリットもある、結婚につながるようなひと言を言えるのが理想です。

婚活会話のNG 2

…「言わなくても伝わっている」と思わない！

まさか！　一世一代のプロポーズが空振りに!?

言葉がすべて伝わっていると思うのは、実は自分の思いこみ。女性には、ほとんど伝わっていないと考えてください。……いいえ、ほとんどどころじゃありません。まったく伝わっていないと考えておいた方がいいかもしれません。

ウソみたいな話ですが、プロポーズされたことに気がつかなかったという女性がすごく多いのです。10組のカップルのうち、7組は伝わっていないと言っても過言ではありません。

私が会員の女性に、「今日、プロポーズされたよね？　どうだった？」と聞くと、「え？されてませんけど？」と平然と言うのです。

慌てて男性の方に聞いたら、

「『あなたとの結婚を考えています』と言いました！」

と自信満々に言うわけです。完全なるすれ違いです。

つまりこのふたりの場合、男性からしてみたら一世一代のプロポーズだったわけですが、女性には「結婚を考えてるんだ〜」程度にしか伝わっていなかったのです。

自分の思いは十分すぎるほどに伝える

「それはいくらなんでも女性側の察しが悪すぎるだろう」と思いますか？

しかし、これは現実によくある話です。「結婚を考えている」だけでは、女性にとってはプロポーズではないのです。ですからハッキリと、

「僕と結婚してください」

と、ストレートに堂々と言うことが大切です。

そのため男性には、「伝わっていると勝手に思いこまないように」と、口酸っぱく言っています。結局ソンをするのは男性なわけですから、そうならないためにも自分の思っていることは、ハッキリと、一から十まで言う。それでようやく半分くらいは伝わっていると考えてください。

婚活会話のNG 3

…女性の話に「正論」と「アドバイス」はいらない！

女性にとってアドバイスはありがた迷惑？

女性の話し方の特徴として、「オチがない」というのはよく言われています。これも、話題が次から次へと変わっていく女子会トークならではのクセです。

これに慣れていない男性が、

「でも、それって○○なんじゃない？」

と正論を言ったり、アドバイスをしてしまうんですね。

ところがそれは逆効果。まるで上司と会話をしているみたいですし、女性は「そんなことを言ってほしいわけじゃないのに……」と思ってしまいます。

前述しましたが、女性はただ話を聞いてほしいだけなので、明確な答えは求めていません。男性のように、理論的な説明や問題解決法を求めているわけではないのです。

ただ考え方によっては〝あなたに私の話を聞いてほしい〟と思って愚痴を言ってい

るわけですから、そこは素直に喜ぶべきところでしょう。

女性の愚痴は、受け入れて、ねぎらう！

では女性が何か相談や悩み、愚痴を言ってきた場合にどうすればいいか？

正解は〝最後まで話を聞く〟。前述しましたが、本当にこれだけです。すごく簡単なのです。たとえば、

「そうなんだ。大変だったね。頑張ったね」

と、ねぎらいの言葉をかけてあげるといいですね。

内容的にどうしてもアドバイスがしたいというのであれば、一度肯定して受け止めてから、そっとアドバイスしてあげましょう。

「そうか、大変だったね。でも、こういう意見もあるんじゃない？」

という風に柔らかくつけ足すといいでしょう。

「いやいや、違うよ。それはね……」

なんて女性に言ったら最後、女性はブチ切れます。

ときには、「家族にひどいこと言っちゃったかも……」なんて落ちこんだ様子で相談されることもありえます。

そんなときは「そんなことないよ。言ってよかったんだよ」と認めてあげる。そして「でも悪いと思ったなら、謝ってみてもいいかもね」と、優しくアドバイスします。

過去の失敗を否定したところで取りかえしがつきませんから、決して「こういうところがいけないね〜」なんて言ってはいけません。

さらに、もう一歩二歩進んで、

「考えても仕方ないこともあるよ。美味しいものでも食べに行こう。嫌な気持ちを忘れさせてあげるから」

なんて言葉をかけられたらカッコいいじゃないですか！　どうせなら会話のすべてをチャンスと捉えて、カッコいい自分をどんどん演出していきましょう。

婚活会話のNG 4

…沈黙を恐れて饒舌になるのは逆効果！

沈黙したときにはどうする？

シーンという空気に耐えられなくなって苦し紛れに出す話題は、やはり盛り上がりに欠けます。

「そういえば、うちの炊飯器が壊れててさぁ」

という話題を出しても、一発逆転の流れはつくりにくいです。

そこで、沈黙したときには、

「ごめんごめん、つまらなかった？」

と、無理に話題をつくらずに、沈黙した空気を逆に利用しましょう。この方がずっと自然な会話になります。そのあとに、「そういえば……」「ところで……」といった具合に話題を振って、相手の話を引き出すといいでしょう。

ここまで読んだあなたなら、会話のネタに困ることはないはずです！

映画デートが、沈黙を避けるのに最適な理由とは？

沈黙を避けるためにも、最初の頃のデートはふたりで向き合う時間が少ない方がいいのです。共通の話題も少ないですから、会話にまだ自信がないという人ならなおさらです。

美術館でも水族館でも、何かを見て共通の話題をつくれる環境の方が、自然と会話が生まれます。

そういう意味で、映画デートは鉄板です。映画を観ている間に会話はないですが、同じものを観ていることで、自然とそのあとの会話につなぐことができます。初めてのデートに映画をオススメするのはそういう理由なのです。

ただし、何度も映画デートというのはやめてください。「この人、私と話したくないのかしら？」「映画を観たいだけなら、ひとりで行けばいいじゃない？」と思われてしまいますから。

婚活会話のNG 5

…万が一女性が怒り出しても慌ててはいけない！

女性が怒り出したら、とにかく謝る！　理由を聞く！

不幸にも、ふとしたタイミングで女性が怒り出し、楽しいデートが突如険悪なムードに。女性がなぜ怒っているのかわからず、男性は戸惑うばかり……。

なんて、よくある男女の喧嘩シーンです。

しかし、ここは慌てず騒がず、場を収めるためにとにかく謝りましょう。

まずは、

「ごめんごめん！　何か怒らせるようなことしちゃったかな……？　気づかなくてごめん。教えてくれる？」

です。これで理由を教えてくれたら、再度、真剣に謝ります。

「そうか、無神経なことしてたね……。ごめんね。これからはそんなことのないように気をつけるよ」

このように相手が何を怒っているかを根気よく聞き出し、反論せず素直に認めて謝るのが得策です。あなたがつとめて穏やかに接していれば、女性もだんだん冷静さを取り戻してくれるでしょう。

「女性は感情の生き物」だと、しつこいほど肝に銘じてください。

そしてあなたは必ず冷静でいること。

一緒になって怒っても、ふたりにとっていいことなんてひとつもないのですから。

もしも許してくれない女性がいたら？

中には、何度聞いても怒っている理由を教えてくれない、ヒステリックに怒鳴り散らす、ずっと無言で不機嫌なままという女性も稀にいます。

そんなとき、あなたはどう対応しますか？

正解は、「さっさと帰る」です！

この場合、いつまでも相手の機嫌を取ろうとしても、あなたの時間の無駄にしかなりません。そういう女性はひとりにされたときに、ようやく冷静さを取り戻すでしょうから。

私の元にもよく、「不機嫌になって怒っていたら、今度は彼が怒って帰っちゃいました」と、女性から泣きながら電話がきます。本当は女性も許すタイミングを伺っているのです。

女性が怒っても、決して怒りに同調せず、かといって相手にすり寄りすぎてもダメ。ヒステリーに付き合う必要はありませんから、放っておけばいいのです。そのうち、彼女の方から歩み寄ってきますから。

婚活会話のNG 6

…何かを決めるときには、相手任せにしない！

「デートはいつがいい？」では、女性も困ります

デートの約束をするとき、こんなメッセージを送っていませんか？

「次会うのは、いつがいいですか？」
「何を食べたいですか？」
「どこに行きたいですか？」

この聞き方だと、女性の意見を尊重しようという思いが、裏目に出てしまっているんですよね。

「いつがいいですか」と聞かれても、それが明日なのかそれとも3週間先くらいを想定しているのかわからないので、聞かれた方は困ってしまいます。

食べたいものや行きたい場所も同様です。「五つ星ホテルのスパに行ったあと、高級フレンチを食べに行きたい！」と、堂々と言える女性はなかなかいません。

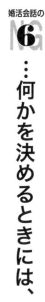

相手が決めやすいように、選択肢をあげる

デートに誘うときや何かを決めるときには、相手が質問の回答にストレスを感じないように聞いてあげるのが親切です。

「次はいつ会おうか？　僕は明日でも大丈夫だし、◯日と◯日が空いてるけど、君の予定はどうかな？　もしも空いてなかったら、別日で調整しよう」

どうですか？　これなら相手も返信しやすいですよね。

また、食事の場合は「3択＋その他」にして、

「和食か中華かイタリアン、どれが食べたい？　ほかでもいいよ」

という風に聞いてあげるといいです。

選択肢の中に自分の食べたいものを入れておけば、あなたも不満がないはず。

「僕はなんでもいいよ」という男性は一見カッコいいですが、デートの場合は選択肢をあげた方が、そのあとの流れがスムーズで気がきいています。

女性の言う「なんでもいい」は信用してはいけない！

男性が質問をしたときに「なんでもいい」と答える女性が多いですが、これには要注意です。

女性の言う「なんでもいい」はウソだと思ってください。鵜呑みにして、ラーメン屋に連れて行ったりしたら最後！　次のデートはありません。

男に決めさせて文句を言うのは女の特質。

ここでもやはり、自分の食べたいものをひとつふたつ入れ、「3択＋その他」にして選んでもらいましょう。さすがに、自分で決めておいて文句を言う女性はそうそういません。

第6章 結婚後も「ずっと一緒にいたい」と思わせる会話術

プロポーズが成功してホッとひと安心。しかし、気を緩めてはいけません。会話次第では、せっかくの御縁が水の泡になってしまうことだってあるのです。「ずっと一緒にいたい男」になるためにも、婚約後の会話を今のうちから予習しておきましょう。

婚活中とはここが違う！「婚約後」の会話で気をつけたいこと

相手の女性を第一に考える

さて、ここからは婚活中から一歩進んで、婚約期間中の会話についてお話ししていこうと思います。

結婚までの道のりがうまく進んでいったと思ったら、ふとしたきっかけで破談……なんてことも実際にあります。ですから、なおさら会話には気をつけなければいけないのです。

この時期に破談になるもっとも多い原因が、「両親」。

結婚に向けて、いざ結婚式はどうするか、新居はどうするかという話をするときに、

「僕の親はこう言ってるよ」

「親に聞いてみないとちょっとわからないな」

こんな発言をしてしまう男性がいます。もしくは、親が率先して結婚の話に介入してくるということも。

しかし社会に出て一人前に自立した大人なのですから、自分のことは自分で決めないといけません。家族の気持ちよりも優先させるべきは、あなたの妻になる女性の気持ちです。出だしから親の様子ばかり気にしているようでは、先が思いやられます。

過去の女性の話は、口が裂けてもしてはいけない

そのほかにも、つい気が緩んで、昔の異性関係の話をしてしまう男性がいます。

「前の彼女とは結婚直前までいったけど、あのとき破談してよかった。君に出会えたからね」

なんて、こんなことは口が裂けても言ってはいけません！

結婚は人生のゴールではなくスタートです。ですから、結婚が決まったからといって安心してはいけないのです。これが婚約中の会話の基本になります。

結婚するなら、共感だけでなく「理解」してくれる男性がいい

結婚したら避けては通れないことって？

恋愛は、お互いに楽しければＯＫですが、結婚となるとそうもいきません。

一緒に生活していくのですから、お金のことや親類との付き合いなど、現実的な問題が次々に発生します。

そのたびに意見を出し合えば、ときには衝突することもあるかもしれません。

いえ、必ずあります。確実にそんなシーンはやってきます。

この、ややこしくも重要な問題から目をそらそうものなら、ふたりの間にはあっという間に大きな溝ができてしまうのです。そんなときに大事なのが、やはり会話なんですね。

結婚式は女性にとって人生のハイライト

婚約後に避けては通れない話として、結婚式があります。

実は、この結婚式の話し合いで破談になるカップルがとても多いのです。

男性にとっては「刺身のつま」みたいなおまけかもしれませんが、女性にとっては人生の一大イベント！　ここまできたのですから腹をくくって、女性の言うことを聞いてあげてください。

ちなみに、ウエディングドレスは「好きなのを着てね」と言ってあげるのもいいですが、夫になる男性に選んでほしいという女性もいます。もちろん、そんなときは喜んで選んであげてください。

最近は「地味婚」もありますし、結婚式にお金がかかりすぎるわけではありません。結婚のための儀式、一生に一度のイベントだと思って、結婚前の「共同作業」をふたりで楽しんでください。

お互いを長く愛するためにも、会話は欠かせない

愛を絶やさないための会話

恋愛は相手を好きになり、恋をするところから始まります。

しかし、結婚は「条件ありき」です。仕事、住まい、子育てなど、様々な条件を合わせるところから始まります。

花火のように一時的に盛り上がって終わってしまう恋とは違って、結婚は、焚《た》き火に薪をくべるように、お互いを長く愛していくものなのです。

そのために、会話が必要になります。

まったく会話のない家庭なんて楽しくありませんから、会話がなければ愛情は底を突いてしまうでしょう。

だからこそ、いろいろな話を通じて、日頃から惜しみない愛情を注いでいくことが大事なのです。

小さな感謝を伝えれば、自分にもいいことが返ってくる

第2章で、「『ありがとう』を口グセにしてくださいね」と言いましたが、結婚後は、

「いただきます。美味しそうだね」

「ごちそうさま。今日も美味しかったよ」

「いってきます。（キス）」

「いってらっしゃい。気をつけてね or 頑張ってね」

など、ねぎらいの言葉を添えるようにしてください。

このひと言を添えるか添えないかで、夫婦の関係性が、もう雲泥の差です。

「親しき仲にも礼儀あり」というように、慣れ親しんでも言葉はおざなりにしてはいけません。

ふたりの生活に慣れてくると、「やってもらって当たり前」になって、小さな感謝をどんどん忘れていくのです。すると女性も、「せっかくやってるのに、お礼のひとつもない！」とイライラが募り、やがて会話自体が消えていきます。

せっかく結婚したのに、そんなの寂しいでしょう？

それが嫌なら、日々の感謝はしっかり言葉にして伝えてください。

ずーっとずーっと、妻には惜しみない愛情を表現するのです。

食事をつくってもらったら、

「君が美味しいものつくってくれるから僕は元気でいられるよ」

と、照れずに言ってみてください。このひと言で、女性は「この人のためにまた美味しいお料理をつくろう」と思えるのです。

小さな感謝を伝えれば、あなたにもいいことが返ってきます。

相手をねぎらうことは自分のためでもあるということを覚えておいてください。

ひとつ指摘するなら、ひとつ褒めてから

喧嘩のきっかけになりやすい、家事・料理問題

最近は家事の得意な男性も増えています。

ひとり暮らし歴が長いと、料理もひと通りできるようになっていたりもします（ちなみに家事、特に料理ができるというのは、婚活においてかなりのアドバンテージなので、ぜひアピールポイントにしてくださいね！）。

逆に、家事が著しく苦手な女性も最近では珍しくありません。

独身女性で実家から職場に通っている場合、家のことはすべて親任せという人もいます。ふたりで暮らすようになってから、初めて家事をする女性も実際にたくさんいます。

すると、家事力が高い男性は、女性のやり方にいろいろ文句を言いたくもなります。

たとえば、

「掃除はもっとこうやった方が……」

「洗濯するときはこうしてほしい……」

といった感じです。

でもちょっと待って！

せっかく女性がやる気を出してやってくれているのですから、そっと見守ってあげましょう！　たとえうまくいかなくても、相手の心意気に感謝することは大切です。

喧嘩にならない伝え方とは？

「なにか相手に要求したいのであれば、最初にひとつ褒めてから」

これは、相手を不快にさせない指摘の方法です。

しかし、いいですか？　相手を不快にさせないというのは、自分の身を守るためでもあるのです。

もし、ご飯のおかずが自分好みでなかったとしても、

「今日のお味噌汁すごく美味しいね！」

そのあとに、

「このお味噌汁に合うようなおかずのレシピを探してくるから、今度はそれをつくってくれたら嬉しいな～」

と言ってみましょう。これであなたはきっと、自分好みのおかずをゲットできるはず！　と、これはあくまでも一例ですが、「なにかを言いたいときにはまず褒めてから」を徹底してください。

あなただって、藪《やぶ》から棒に「〇〇してよ！」なんて言われてもやる気が起きないですよね。それと同じこと。上手な褒め方はここでも活きてきますよ。

もし喧嘩をしてしまったら？

夫婦喧嘩は悪いものとも限らない

結婚相談所で出会ったカップルの場合、初めての喧嘩が婚約中、または結婚後という可能性が高いです。

そこで私はご成婚が決まったカップルには必ず、「結婚1年目は、いっぱい喧嘩してね」とお伝えしています。とはいえ、もちろん暴力は禁止！

お互いに長い人生を歩んできたふたりが、ひとつ屋根の下で生活を共にするのです。「ええ！　この人、こんなところがあるの？」と、日々少しずつ相手を知っていくことだらけです。

ですから、結婚1年目にたくさんお互いの主張をして、自分の思いや考えを知ってもらうことが大切です。

1年目は発見、2年目は慣れ、3年目にはしっくりくるようになります。

そうして気がつけば、お互いになくてはならない存在になっていきます。いつのまにか、知らず知らずのうちに、夫婦の絆が生まれます。これが恋人同士では味わうことのできない「夫婦愛」なのです。

もしあなたが怒ってしまっても、守ってほしいふたつのこと

そうは言っても、男性だってどうしても怒ってしまうときがありますよね。男性が我慢してばかりもよくないので、これは当然のこと。

そんなときに男性にお願いしていることが、ふたつあるのです。

ひとつは「喧嘩してもプンと怒って家を出て行かないでね」ということ。

女性だって怒って外に出たくもなりますが、家にいるときは髪がボサボサ、ノーメイクなんてことも多いです。これでは、とてもじゃないですが外に飛び出すことはできません。

そしてもうひとつ、「必ず同じベッドで一緒に寝る」ということ。

背中を向けてでも、無理やりにでも一緒に寝ましょう。

パッと目が覚めて隣にいる妻の寝顔を見たときに、「かわいい顔して寝てるな」なんて思って許せたりします。

一度飛び出したらそれがクセになって、毎回喧嘩のたびに同じことをくりかえすようになります。気づけば喧嘩のたびに、一緒に寝ない、何日も家に帰らないなんてことになりかねません。

一緒にいたくなくても、飛び出さない！　一緒に寝る！

どんなにカッとなっても、このふたつのことは忘れないでください。

結婚に向けて必ず話し合いたい6項目

さて、ここまでであなたの会話力も格段にアップしたのではないでしょうか。

しかし、これで終わりじゃありませんよ！　結婚したいあなたにとっては、むしろここからが本番。この先は、より具体的な、結婚に関する会話例をご紹介します。

結婚を視野に入れた場合、仕事のことやお金のこと、はたまた結婚式や親の介護のことなど、話し合わなければいけないことは盛り沢山。

まだ結婚までの道のりは遠そうだと思う人も、いつか必要になることですから、今のうちに知っておいてソンはないはずです。

それでは、必ず話し合っておきたい結婚に向けての6項目をご紹介しますね。

①仕事

結婚したら仕事を辞めて家庭に入りたいという女性もいれば、仕事を続けてキャリアを築きたいという女性もいます。女性が高収入の場合は、男性が主夫になる選択肢だって十分にありえます。結婚後の仕事と家計の話は必須です。

あるカップルのケースでは、結婚後に女性は仕事を辞めて主婦になる予定でした。ところが、男性が〝食費10万円〟という意味で「生活費は10万円出すからね」と伝えたのを、女性が言葉通り〝生活費＝10万円〟と受け取り、「たった10万円なんて、そんな少ない金額でやりくりできない！」と思い悩んでしまいました。このように、男性の説明不足が原因でこのカップルは破談になってしまったのです。

会話さえきちんとできていれば、こんな結末にはならなかったと思います。あらためて会話の大切さを感じますね。

②住まい

結婚後、どこに住むかでトラブルになるケースは多いです。

女性の方が「絶対に世田谷区に住みたい！」と言って譲らず、破談になったケースがありました。

話し合う際には、お互いがどこまで譲り合うかを慎重に交渉していく必要があります。

「そこに住むと、僕は通勤時間が大幅に長くなるから家のことが一切できなくなるけどいい？」

というように、条件を出しながら相手の出方を伺っていくといいでしょう。

頭ごなしに言い合っても解決しません。住む場所のメリットとデメリットをお互いに出し合い、妥協点を見つけることが大切です。

③親の介護

婚活している層には30～40代が多いので、親の介護の話題も、年齢的に避けては通れません。

今の時代、お嫁さんに親の面倒をみてもらうことは滅多にありません。自分の親は自分で、が大前提となってきています。

女性を安心させるためにも「僕の親は自分で面倒をみるから君は何もしないでいいからね」とストレートに言ってしまった方がいいでしょう。

夫の親との同居を嫌がる女性がほとんどなので、それも結婚前にしっかりと話し合った方がいいですね。

④結婚式

前述のとおり、結婚式に夢を抱いているのは圧倒的に女性が多いです。

結婚後に影響を与えないためにも、無神経な発言をして女性を怒らせてしまうのは断じて避けたいところ。

とはいえ、結婚式にはそれぞれの考えがありますので、どの規模で式を挙げるのか、お互いの予算や希望をすり合わせておくことが先決です。

お金をかけなくてもステキな式を挙げることができますし、結婚式に夢を見すぎた女性の暴走を止めるのもあなたの大事な役割です！

⑤エンゲージリング（婚約指輪）

婚約後はエンゲージリングのことをきちんと考えましょう。

女性にとって、エンゲージリングはとっても重要なもの。このブランドがいい、このデザインがいい、こんな渡され方はイヤだ……なんてことで相談を受けることがあります。

「結婚が決まったら、ティファニーの○○をもらうのが夢だった」など、長年の夢を持っている女性もいるのです。

つまり、男性が勝手に選んで唐突に渡しても、喜ばれないことが少なくありません。せっかく頑張って選んだのに、気に入ってもらえないのは悲しいですから、どんな指輪がいいのかをさりげなくリサーチしておくのがベストです。

また最近はプロポーズの際にはエンゲージリングを渡さず、後日一緒に選びに行くカップルが多くなっています。

エンゲージリングは「女性の夢」だと思って、しっかり選びましょう。

⑥子育て

年齢にもよりますが、子どもを望んでいるのであれば、どのタイミングで産みたいのか、どうやって育てていくつもりなのかなどを話し合う必要があります。

仕事の話にも関連してくることですが、妊娠・出産の期間に女性は仕事を休まなければなりません。職場復帰をいつにするのか、それとも仕事を辞めるつもりなのかなどを聞いておいた方がいいでしょう。

以上、６つの項目を紹介しましたが、いかがでしたか？

今はまだあまりピンとこないものもあったかもしれませんね。

しかし、この６つをきちんと話し合えるかどうかで、結婚へのスピードが決まってきますし、もちろんその後の結婚生活にも関わってきます。そのときがきたら、相手の女性とじっくり話し合ってくださいね。

おわりに

みなさんが思い描く「結婚生活」はどのようなものですか？

おそらく20代の方と40代の方では描き方がずいぶんと違うでしょう。

20代なら、まず結婚して愛する妻と子どもを持ち、ふたりで大事に育てていきたいと思ったり、40代なら子どもを持たなくても、この先の人生を愛する妻と手を取り合って、ふたりで生きていこうと思うかもしれません。

人はそれぞれ生き方が違います。まずは、真っ白なキャンバスに自分の未来予想図を描いてみてください。

「結婚」は結婚式や入籍の1日のことを言うのではありません。この先の人生を共に生きていく「夫婦生活」のことを言うのです。

それはこの先も長く長く続きます。なんといっても、死んだあとも一緒のお墓に入るのですから。

この本を読み終わったあなたは、さらに会話のテクニックを身につけ「幸せな結婚」に近づきました。

みなさん「結婚したい」と思い、様々な活動を続けていると思いますが、先の見えないトンネルをくぐり、その先に小さな光が見えたら、「やったー！」と喜んでください。ただただ「結婚したい」と思ってもなかなかできないものです。

私は、１９９５年に結婚と同時にアパレルのコンサルタント会社を経営し、私生活も仕事も順風満帆でした。ところが２００８年のリーマンショックによりアパレル業界は大ダメージをうけ、当社も別事業に転換をするか？　縮小するか？　という選択に迫られました。

そんなとき、過去に私がボランティアで結婚相手を紹介して結婚したカップルが20組以上もいたことを思い出したのです。

「それならボランティアではなく、仕事としてできるのではないか？」と考え、２０09年に「青山の結婚相談所マリーミー」を起業し現在に至ります。

今までは人と企業を結ぶ仕事でしたが、人と人を結ぶ仕事に転換しました。結婚相手の紹介だけでなく、デートに必要なファッション力や対人力などをアドバイスしてきた結果、今では3日に1組のカップルを結婚へ導けるようになりました。

私の前身は「アパレル」です。みんなおしゃれで華やかで、自己アピールをする必要がある業界です。

またお客様とのコミュニケーション力が最も大事な業界です。それ次第で売り上げが大きく違ってくるのです。

そんな業界で100人以上いる販売員の指導を長年やってきた私だからこそ、結婚したい人たちに不足している部分の原因追求とアドバイスが的確にできるのだと自負しています。

私の相談所「マリーミー」で活動する男性たちは20代から60代までいます。

みなさんも最初は「本当に結婚できるのかな?」と不安な気持ちでお見えになりますが、活動を通じてどんどん自信を持ち始めます。

そして気がつけばずいぶんと背筋が伸び、堂々と、感じよく話せるようになったなという風に成長を感じます。そのころには、相手が決まり「成婚」して卒業をするタイミングなのです。

めでたく幸せな結婚をしていく彼らに、いつも私はこう言っています。

「結婚はかけがえのないものです。結婚する相手によって、天と地ほど人生が変わります。お互いの努力次第で、天にも地にもなりえるのです。

そのためには、夫婦でなんでもよく話し合うこと。

〝夫婦だからいちいち言わなくてもわかるよね？〟では結婚後もうまくいきません。

せっかくご縁があって結婚したのですから、ずーっとずーっと手をつないで生きていってね。

結婚して1年、2年が過ぎると、かけがえのない妻と夫になっていきます。

そして〝夫婦愛〟が生まれるのです。少し愛して長〜く愛してね」と。

言葉は、夫婦にとって非常に大切なものです。

地上に存在する動物で人間だけが言葉を使えるのですから。

「結婚」はひとりでは決して味わうことのできないものです。

そして「結婚」によって間違いなく、これからの人生が豊かなものになります。

これほどまでに誰かと深く関わり、絆を深める経験はほかにないでしょう。

「誰かと生きる！」「誰かのために生きる！」——そんな幸せを、あなたもぜひ掴んでください。

植草美幸はみなさんの婚活をいつも応援しています。

植草美幸

本文デザイン＆ＤＴＰ……センターメディア
本文イラストレーション……アトリエブックス
カバーイラストレーション……zzveillust/shutterstock.com
編集協力……中村未来

著者紹介

植草美幸（うえくさ　みゆき）
婚活アドバイザー。結婚相談所マリーミー代表、東京恋婚アカデミー校長、株式会社エムエスピー代表取締役。1995年にアパレル業界に特化した人材派遣会社、株式会社エムエスピーを設立。そこで培ったマッチング能力・人材発掘能力を生かし、2009年に結婚相談所マリーミーを設立。業界平均15％と言われる成婚率において、マリーミー全体では60％、自身が担当する「植草美幸コース」では80％の成婚率を誇る。そのほか、セミナーの開催、テレビやラジオへの出演など、アラサー・アラフォー男女を「幸せな結婚」に導くために幅広く活動中。著書に『婚活学講座 尊敬婚のすすめ』（評言社）、『婚活リベンジ！（マンガでわかる）今度こそ、半年以内に理想のパートナーを引き寄せる方法』（KADOKAWA）、『モテ理論』（PHP文庫）など。

男《おとこ》の婚活《こんかつ》は会話《かいわ》が８割《わり》

2018年５月１日　第１刷

著　　者　植《うえ》草《くさ》美《み》幸《ゆき》
発 行 者　小澤源太郎

責任編集　株式会社 プライム涌光
電話　編集部　03(3203)2850

発 行 所　株式会社 青春出版社
東京都新宿区若松町12番１号 〒162-0056
振替番号　00190-7-98602
電話　営業部　03(3207)1916

印　刷　中央精版印刷　　製　本　大口製本

万一、落丁、乱丁がありました節は、お取りかえします。
ISBN978-4-413-23087-2 C0095